Fun Learning from A to Z
with Animal Friends
_____

This book is dedicated to Elon and Enzo.

Copyright © Aila Joy Tan, 2024 All rights reserved, including the right of reproduction in whole or in part in any form.
ISBN: 979-8-9884574-5-9

For more Aikon Bookport learning books, kindly visit www.aikonbookport.com

Aa

is for **ant**.

I'm Ana the **ant**.
I like wearing pants.

Bb

is for **bear**.

I'm Bianka the **bear**.
I love to share.

is for **cat**.

I'm Carlos the **cat**.
I have a silly hat.

is for **deer**.

I'm Daisy the **deer**.
I'm here to cheer.

is for **elephant**.

I'm Ellie the **elephant**.
I like to look elegant.

is for **frog**.

I'm Fred the **frog**.
I broke my mug.

is for **goat**.

I'm Grace the **goat**.
I built my boat.

Hh

is for **hedgehog**.

I'm Honey the **hedgehog**.
I love giving hugs.

is for **iguana**.

I'm Ivana the **iguana**.
I slipped and dropped my banana.

is for **jaguar**.

I'm John the **jaguar**.
I'm driving my car.

is for **kangaroo**.

I'm Karl the **kangaroo**.
I need my morning brew.

Ll

is for **ladybug**.

I'm Lea the **ladybug**.
I'm lifting a heavy bag.

Mm

is for **mouse**.

I'm Matty the **mouse**.
I got a funny house.

Nn

is for **narwhal**.

I'm Nancy the **narwhal**.
I decorated this coral.

is for **octopus**.

I'm Oli the **octopus**.
I'm wearing a lot of shoes.

is for **pig**.

I'm Peggy the **pig**.
I'm wearing a wig.

is for **quail**.

I'm Queenie the **quail**.
I got your mail.

Rr

is for **racoon**.

I'm Ronee the **racoon**.
I have colorful balloons.

is for **snail**.

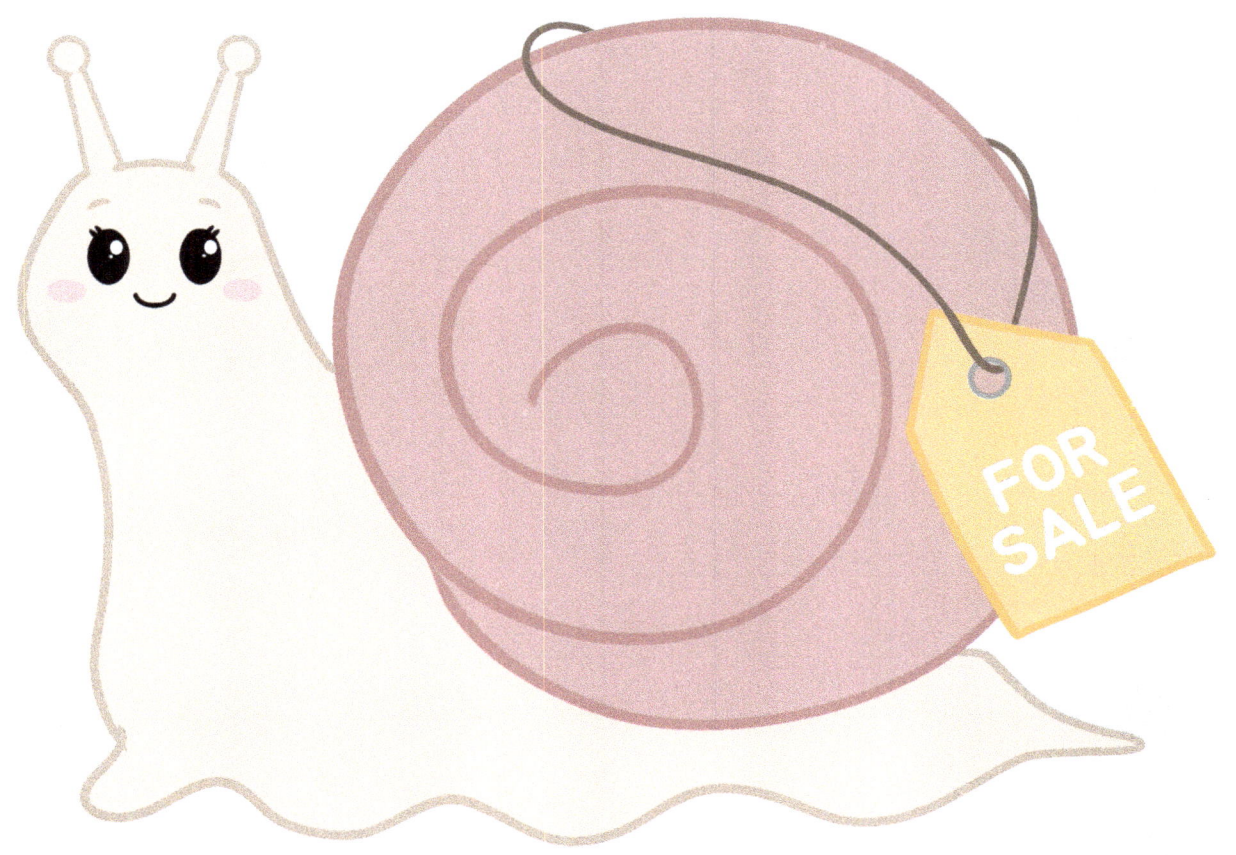

I'm Sally the **snail**.
My house is for sale.

is for **tiger**.

I'm Tyler the **tiger**.
I made this burger.

is for **urchin**.

I'm Urza the **urchin**.
My spines are sharp like a pin.

is for **vampire bat**.

I'm Vic the **vampire bat**.
I love to chitchat.

is for **walrus**.

I'm Wally the **walrus**.
I'm always curious.

is for **x-ray fish**.

I'm Xian the **x-ray fish**.
I'm feeling feverish.

is for **yak**.

I'm Yuri the **yak.**
I think I'm stuck.

is for **zebra**.

I'm Zach the **zebra**.
I always bring my camera.

Aa is for **ant**.   **Bb** is for **bear**.   **Cc** is for **cat**.   **Dd** is for **deer**.   **Ee** is for **elephant**.

Ff is for **frog**.   **Gg** is for **goat**.   **Hh** is for **hedgehog**.   **Ii** is for **iguana**.   **Jj** is for **jaguar**.

Kk is for **kangaroo**.   **Ll** is for **ladybug**.   **Mm** is for **mouse**.   **Nn** is for **narwhal**.   **Oo** is for **octopus**.

Pp is for **pig**.   **Qq** is for **quail**.   **Rr** is for **racoon**.   **Ss** is for **snail**.   **Tt** is for **tiger**.

Uu is for **urchin**.   **Vv** is for **vampire bat**.   **Ww** is for **walrus**.   **Xx** is for **x-ray fish**.   **Yy** is for **yak**.

Zz is for **zebra**.

www.ingramcontent.com/pod-product-compliance
Lightning Source LLC
Chambersburg PA
CBHW061403010526
44119CB00010B/242